Dikter av hoppets intuition

Said Alcheikh

ISBN: 978-91-7463-695-6
Copyright © Said Alcheikh 2015
Alwan Arabiya Publikationer
Förlag och tryck: BoD

Said Alcheikh

Dikter av hoppets intuition

Alwan Arabiya
Publikationer

1

Den här knoppen

Det här fostret

Den nya dagen

2

Droppe efter droppe

Den här bullriga

floden

3

Sångerna i Skogen

Vindarna studsar det tillbaka

till själen

4

Fåglarnas rörelse i himlen

menar inte överraska

De är förbluffande

5

Visst vatten

vithet

En våt snö

6

Inga brev

i apelsinlådan

Brevbäraren odlar fruktträdgårdar

7

Vilken lyxig välsignelse

flickors silke

Fjärilar vävde i fälten

8

Stadens sköldpadda

Precis som alla andra, tar en taxi

för att nå kusterna

9

I det lilla huset

Massor av damm och möss

Hushållerska på Facebook

10

Stadens rötter

är samma trädrötter:

Urminnes historia

11

Fåglar som inte hysa

mitt i natten:

Demontering av mörker

12

En kvinna skakar palm

En man skakar berg:

Stammen av de heliga

13

Om vågen säger:
Havet är min pappa
han samlar med vinden

14

Du måste vara vaken
inte falla medvetslös
av sällan kommer skönhet

15

Hur många gånger, föll från himlen

för att höja sjön

Folket är likgiltigt

16

Under våren

Inte längre stenar

styva och döva

17

Från vraket av krig:

hängande trädgårdar

Denna frihet

18

Melodier avges

från gardenia blommor

Ovanför husens trösklar

19

Intelligent basilika

en älskare i natten

en känsla av paradiset

20

Mystisk bit

föll från himlen:

Stans sinne

21

Från kvarlevorna av anden
drar skogen sitt träd
till livet

22

Att läsa haiku
med tågets hastighet
för att inte gäspa om natten

23

På väg till Stockholm

Mitt i mörkret

uppåtvänd bil - sårad älg

24

Alfred Nobel i bårhuset

Dynamit eller blommor

På bordet

25

Grön skog

i rådjurets mage

Näktergalar migrerar

26

Kyrkklockorna ringer

vid solnedgången

De fördrivna kommer till middagen

27

Hästen är vid fältet

tegelhuset är lugnt:

Den humanitära dimensionen

28

Långa spirande växter

Stänga dörrar och fönster

Änkans post kommer inte fram

29

Nej, du är inte en fiskare

Om du inte förstår

Vad fisken viskar till dina fingrar

30

Gammal man står där

utan orsak

hans hund skäller på vakuum

31

Min far köpte mig

inte cykeln

Jag var ung, han var fattig

32

Vid fullmånen

hoppar sardinen

av sig själv in i näten

33

Granatäpple blommor

röda lampor:

allting formateras för att sova

34

Trädgårdars magiker

Ingen ser dem i korridorerna

nakna förkroppsligade med träd

35

Din skjorta är Cherry-färgad

Fruktarom

smeker min själ

36

Jag är där

bredvid dina rasade känslor

stormen skickar mig

37

Ett universum i hans sinne

En sjö i hans händer

Mannen som alltid är invandrare

38

Det finns människor som ser döden

De som omfamnar livet

med tillförlitlighet

39

Den gamle mannen står emot

för att bli inte en spindel mellan
spindlar:

Han skriker hela natten

40

Vid kanten av floden

ankan som aldrig uppfyller

Slukade hela "pizzan" på ett ögonblick

41

Flagning slutar inte

snö retas bakom fönstret

Min klocka stoppade

42

Utan förvarning

på en gång

Denna måne av hoppets intuition

43

De övernaturliga:

stormen stannar till

medan duvor passerar i svärm

44

Ljusets budbärare

svampskogens vaktare

Om hon kommer till ert hem

öppna dörrarna

Tung gäst
snö i mars
knoppar krymper

Detta ekträd

vägledde oss till källvattnet:

dess grenar är rökpelare

47

Ovanför dina knän

växer barnet, kort därefter

upp över topparna

48

Någon väntar inte på någon

men eukalyptus träden

står och väntar

49

I denna förvirring

är stormen överväldigande

Jag fyller min burk med hopp

50

En fågel önskar bli människa

Människorna sover

drömmer om att kunna flyga

51

Vår honung i burkar

Bins ande

och det hängivna arbetet

52

För mig träden och liljor

skuggor och älskares reträtt

Jag är trädgården

53

Fjärilars helvete

Det är som varje gång

Det brinner i ljuset

54

Flickan på balkongen

som varje kväll

är under berusning,

en ekorres ögon

55

Familjens häst

grät bittert, när barnet

begravdes under jorden

56

Igelkottar

korsar vägen:

Sommaren bakom dörren

57

Utan socker

är sjövattnet är sött:

Det gillar att vara sött

58

Nycklarna ljuger inte

De säger inte något extra

de bara öppnar dörrar

59

Sedan din frånvaro,

inte en endaste gång

har din ande visat sig

i trädgården

Men den här gången

60

Nåd som faller med regn

Meddelanden från himmelen

till uttömda människor

61

Han lämnar sitt påkostade hus

för puben

varje kväll

För att bygga familj

62

Kriget är dårskap, generalens

storhetsmedaljer

lyser i leran

63

På poetens bord

vissnar blommans dikt

På bordet finns också insulinet

64

Fontänen framför biblioteket

som överraskande

föll från en bok

65

Gudsekvationen vid skapelsen:

att det inte finns något liv

för mig utan dig

66

Månens krage

en krona på ditt huvud

magin i konfigurationens oskuld

67

ljuset strålar

ingen känns vid änglarna:

de gråter bakom träden

68

Sedan närvaron

Olivträdet

är evigt grön

69

Många rosor

Många tårar

Här sade våra bröder adjö

70

Våra ansikten blir mer uttalade

och liknar oss mer och mer

när vi läser legenderna

71

Idag slutförs min förvåning

i morgon och alla dagar

går glöden vidare som vanligt

72

Askans skog

trädens minne

gröna drömmar avfyras

Morgnars minne skakar mig

parfym, prärien

och mjölk

Denna brutna vinge

på marken – dessa fjädrar

till bräckligt rov

75

Den blinde, som lovades syn

ser inte längre av alltför

många glädjetårar

76

Plötsligt från himlen

toppars örnar bygger

lyxherrgårdar

77

Varifrån kommer allt ljuset?

i skogen bär

fruktträden glödlampor

78

Det inte vårmorgon

om det inte finns en ros

som säger God morgon till den

79

Det snurrar vakuum

syr vinden och klagar

över bristen på regn

80

Vildmarkens ylande

skickar de döda till ett liv

ordnat av det osedda

81

Förflugen kyss i hamnen

en deposition hos älskaren

han dog nyss

82

Dagg på aubergine

vällustig rytm

En fråga om tvivelaktig spänning

83

Kvinnan är inte ensam

när höstens vind flörtar med henne

och höjer hennes kjol

84

Nattens jämmer i skogen

Är det från träden

eller från ett övergivet hus?

85

Hur många gånger vi ätit

syndens äpplen

utan Satans viskningar

86

Jorden faller

utan att stöta

i galaxer av bomull

87

Jag bad stormen

att inte ta dig ifrån mig

bort från fåglarnas omloppsbana

88

Inga spår av morgondaggen

på gräset

Mina läppar är torra

89

Denna lilla sten

till stor del tillräcklig

för att stödja höga berg

90

Poeten knäpper

flinta på flintan

på marken diktens gnistor

91

Byggnader
Anliggande moln
Hur arbetar barmhärtighet?

92

Alltid missförstånd
Denna intellektuella massaker
för att förlängda krig mot offer

93

Regnbåge

hög i himlen

Jag hör röstens färger

94

Staden går framåt,

Och inte uppmärksammar

Förorter av torkade saliv:

Berövande av hjärta

95

Natt, mandlar och koppar

Därefter kommer en morgon

Att återuppliva minnet

96

Från under deras hud

skogarna växte:

deras överrock

97

Härfågel

på sitt träd

Skalar främlingskapets frukt

98

Denna vita tråd

Denna morgon:

Hoppfullt klätt datum

99

Måsar samlas omkring mig

Lyssnar på mina fingrar

Inget bröd, en cigarettfimp som kastas

100

Strömavbrott:

En ond häxa

dansar i mörker

101

vattenflöde
I dalarna:
törstiga brustna hjärtan

102

Livs poem
Manifesteras som en brud:
Skrivet av berusad poet

103

Badminton mellan halm

Effekterna av en mytisk fågel

bevakad av stjärnorna

104

Muskot:

oskyldiga psykopater

Löfte om helgon

105

Jag hänger mina år på väggen

Fertila år

och år av torka

106

Tja, du kan försena så ofta du vill

Jag kommer att vrida klockan tillbaka

och drömmar att du är bakom dörren

107

Lördag natt

Dag och natt är lika

utan söndag

108

Vatten - vatten

svullen ökensand

gråter av smärta

109

Du döva inte dina öron

och låtsas att sova

när jag berättar om kriget

110

Tallskog

Under Marys ögonen

bombade flygplan

111

Denna månen till mej

och dessa stjärnor

Jag är klarblå himlen

112

Jag beräknar avståndet

mellan trädet och frukterna

Mellan dikten och bomben

113

Denna spända värld

om tvättar sitt ansikte i snö

och blundar för vitheten

114

I botten av havet

eviga röster

som bär minnet av sjömän

115

solnedgången
Det är bara en sol
Vill tillbringa

116

Dessa ståtliga städer
skräpar oss med oförminskad styrka
som om vi vore granuler av damm

117

På väg till vithet
jag går ut ur mina sinnen
Följ mig föremål i dagsljus

118

Hon fördelar vatten
för de strandsatta vid gränsen
Den öppna ytornas kvinna

Det finns inga främlingar

på brödernas kväll

och inga tårar

120

Denna trädgård

behåller detaljer:

De levande och de döda var här

121

Våra skratt bredare av rum

vi går ut för att ta utrymmen

från månen

122

Jorden skaka hennes knä

Vi ramlar skrattande över varandra

Vi är planetens barn

123

Bin förkroppsligar till knoppen

Nektar honung

allt detta visshet

124

Månens krage

kronan på ditt huvud

Magi i oskuldens konfiguration

125

Liljor sticker upp sitt huvud

ur gravjorden:

Livet slutar aldrig

126

Vita fåglar

som flyger vid vita moln

Vithet bågnar på bomull

127

Renarshornen

av avstånd borta

ser ut som vedträ rör sig

128

Den poesi hunger för förvånade

Törst för daggen

Denna dikt är en levande organism

Konstnär med Alzheimers

Han glömmer att rita en sköldpadda på
sanden,

och börjar komma ihåg

att en ekorre rita honom på en trädstam

Lätt på, linserna märker inte

hur rosorna vänder sig

från vinter till vår

131

Fisken darrar i fiskarens hand

Fryser

Hennes eldstad i vattnet

132

Vi glädjer denna kärlek,

men vi måste fråga:

Varifrån kommer enheten

och denna sorg?

133

Ingen hälsning för främlingen

Endast vattens hälsning tvättar mitt
ansikte

som Ingraverat exil på väggarna

134

Inte varje människa

Omskakas av det ljuset sprider

Poeten skakar ensam himlen

135

Utan Guds ord

Utan himlen ovanför alla

Hur går universum fluffig och
medkännande?

136

Själskrok oscillerar

i dysterhetens sjö:

Fånga ljuset från djupet

137

Stenen blev tydligt

Hur den bildas under tillrådan

av mytens detaljer

138

Hon sätter sina bröst istället för

behån på klädstreck

Solen är varm som tillgiven handen

139

Ikväll min födelsedag

Ikväll närvarar min mor i minnet

Ikväll kan jag bara gråta

140

Tiden beror på el

Luftfarten, och även lusten

i våra kroppar

Stillheten

Ger rummet sin briljans

rummet som vid månens kant

Bland syftena

Denna vördade människa

Om inte så tjuter rasistiskt

143

Förbanna inte luften

Den är dyrbar hemlighet för livet

för en ande installerad på kroppen

144

Jag spårar din lukt

Din överdådiga skugga på vägen

Jag går upp till stjärnorna

145

Det mullrande havet

Detta är mitt hjärta

En dag av panik

146

Solen går aldrig ner

här vid kanten

där världen är klädd i oskuld

147

De döda som har klivit upp till himlen

fann dörrarna stängda till sina hem

Att vandra i rymden är deras liv

148

Chock efter chock

Galenskapen nedmonterar ned sina
element

I en värld som skalad frukt

149

Såg någon Anden?

vi alla ser det:

detta är livet

150

Även bakom mig kunde jag se

liken som faller från himlen

De tillhörde människor som levde i
historien

De deltar för att stimulera medvetenhet

i sinnet

Medvetenhet på marken

och i regnet

Said Alcheikh, Poet och författare bosatt i Helsingborg. Han är medlem i Sveriges Författarförbund.

Han har utgivit fyra diktsamlingar samt fyra novellböcker på arabiska. Dessutom en roman i rörledningen. Han är redaktör och har kulturell korrespondens med flera tidningar som publiceras i arabländerna.